Schatz, wir müssen reden!

Sara & Peter Michalik

Schatz, wir müssen reden!

Sexualität, Eifersucht,
Beziehungskrisen und mehr.

Dieses Buch hilft Ihnen darüber
zu reden!

Bibliografische Information der Deutschen Nationalbibliothek:
Die Deutsche Nationalbibliothek verzeichnet diese Publikation in der Deutschen Nationalbibliografie; detaillierte bibliografische Daten sind im Internet über http://dnb.dnb.de abrufbar.

Copyright © 2015 Sara & Peter Michalik

1. Auflage 2015
Alle Rechte vorbehalten. Das Werk und seine Teile sind urheberrechtlich geschützt. Jede Verwertung bedarf der vorherigen schriftlichen Einwilligung des Verlages.

Informationen zu unseren weiteren Publikationen finden Sie unter: www.beziehungs-abc.ch

Wünsche, Ideen und Anregungen direkt an:
info@beziehungs-abc.ch

Buchumschlag: Sweta Luft / www.swetaluft.de

Herstellung und Verlag: BoD – Books on Demand, Norderstedt

ISBN: 978-3-7347-6332-8

Inhaltsverzeichnis

Einleitung 2

Frage Nr. 1 Was war in den letzten 7 Tagen das Schönste für Sie in Ihrer Beziehung? 8

Frage Nr. 2 Wie haben Sie sich kennengelernt? 11

Frage Nr. 3 Was war die größte Krise in unserer Beziehung, und wie haben wir sie gemeistert? 16

Frage Nr. 4 Welche Probleme werden wir in unserer Beziehung nicht lösen können? 22

Frage Nr. 5 Was verbindet uns als Paar? 26

Frage Nr. 6 ... und was ist mit unserer Sexualität? 30

2x5 Kommunikationsregeln 36

Beziehungskrise: Neustart in drei Schritten 38

Sexualität: Das Tabuthema in Partnerschaften 43

Eifersucht: 4 Tipps was Sie dagegen tun können 48

Zoff: Der Reiz am Streiten... 61

Besuchen Sie unseren Blog 66

Quellenangaben 69

Beziehungskrisen richtig meistern 70

Einleitung

In unserer Arbeit als Familien-, Paar- und Eheberater werden wir sehr direkt mit Krisen und Beziehungsfragen konfrontiert. Die häufigste Bitte von Paaren, die zu uns in die Praxis kommen, ist:

„Helfen Sie uns besser zu kommunizieren!"

Warum Sie das interessieren sollte!

Vielleicht wissen Sie aus eigener Erfahrung, dass es manchmal gar nicht so einfach ist, gemeinsam ins Gespräch zu kommen und Zeit für sich als Paar zu finden. Kinder, Haus, Stress im Beruf oder was das Leben sonst noch alles zu bieten hat, hindern uns daran, persönliche Gespräche zu führen. Oft bleibt wenig oder keine Zeit für Sie als Paar. Sie sind zwar räumlich zusammen, aber das Gefühl der Verbundenheit geht langsam verloren. Jeden Tag ein bisschen mehr, langsam und schleichend. Es besteht die Gefahr, sich voneinander zu entfernen. Die ersten Krisen kommen auf und Sie wissen eigentlich gar nicht warum. „Wir haben uns auseinander gelebt" ist die gängigste Begründung von Paaren, die in unsere Praxis kommen. Wie kann das passieren, wenn man sich täglich begegnet, zusammen wohnt, miteinander schläft, eigentlich gemeinsame Interessen und Kinder hat? Wo ist das Paar geblieben, das sie mal waren?

Das ist der Hauptgrund

Erinnern Sie sich an den Anfand Ihrer Beziehung? Die Zeit, die Sie mit Ihrem Partner / Ihrer Partnerin verbracht haben, fühlte sich sehr intensiv an. Wahrscheinlich wollten Sie gegenseitig so viel wie möglich übereinander erfahren und sich erzählen. Sie haben sich Zeit genommen, haben zugehört und erzählt. Sie hatten die volle Aufmerksamkeit Ihres Partners / Ihrer Partnerin und waren sehr am anderen interessiert. Das fühlt sich einfach gut an. Diese spürbare Qualität der Beziehung geht mit der Zeit verloren. Ausser Sie beginnen bewusst miteinander zu kommunizieren, sich als Paar zu begegnen. Vielleicht habe Sie es schon lange nicht gemacht. Vielleicht war es Ihnen auch gar nicht bewusst. Fangen Sie damit an! Es lohnt sich!

> *Kurz vor der Geburt unseres zweiten Kindes haben uns die Ärzte im Krankenhaus gesagt: Gehen Sie nochmals nach Hause, wir werden die Geburt morgen früh einleiten. Da die Großeltern bereits am Hüten waren, hatten wir plötzlich einen freien Abend. Nur wir zwei, ohne Kind und ohne berufliche Verpflichtungen. Nur wir als Paar! Der erste Abend seit drei Jahren.*

Kennen Sie das? Wann hatten Sie zuletzt einen Abend nur für sich als Paar? Wann haben Sie zuletzt von Ihrem Partner / Ihrer Partnerin gehört, was sie wirklich bewegt?

Wie Sie es ändern können

Dieses Buch gibt Ihnen Impulse das Gemeinsame, den Zauber des Anfangs, wieder neu zu entdecken und in den Vordergrund zu bringen. Wir haben für Sie eine Auswahl von sechs Fragen zusammengestellt, damit Sie zusammen mit Ihrem Partner / Ihrer Partnerin sofort beginnen können. Diese Fragen können Ihnen helfen wieder ins Gespräch zu kommen. Dabei geht es nicht um die Quantität der Zeit, sondern um die Qualität. Je intensiver die Zeit ist, die Sie mit Ihrem Partner / Ihrer Partnerin verbringen, umso besser beziehungsweise zufriedener fühlt sich Ihre Beziehung an.

Bevor Sie starten

Lesen Sie bitte die Einleitung bis zum Ende, sie hilft Ihnen bei der Verwendung dieses Buches. Machen Sie bitte nicht denselben Fehler, den ich oft gemacht habe. Früher hätte ich dieses Buch durchgeblättert, mir die Vorlagen angeschaut und es wieder zugemacht. Das war meine Vorgehensweise mit Ratgebern und deren Übungen. Eines Tages fragte mich meine Frau: Warum machst du das? In Gedanken sagte ich mir: Ich bin neugierig, es ist einfacher darüber zu lesen anstatt es tatsächlich zu machen und auszuprobieren. Meine Widerstände waren da sehr groß. Mir wurde klar, es wird sich nur dann etwas in meinem Leben verändern, wenn ich anfange die Dinge zu tun. Diese Frage meiner Frau hat mir die Augen geöffnet. Wenn wir wirklich etwas verändern möchten, müssen wir etwas TUN!

Kurze Anleitung

- Verabreden Sie sich regelmäßig um miteinander zu reden. Tragen Sie Paarzeit fix in Ihre Agenda ein.
- Nehmen Sie sich genügend Zeit. Es wäre schade, wenn Sie ein gutes Gespräch abbrechen müssen.
- Suchen Sie sich für das gemeinsame Gespräch zusammen einen Platz aus, wo Sie sich beide wohlfühlen. Manchmal eignet sich ein Ort außerhalb der Wohnung fast besser, da man weniger vom Alltag abgelenkt wird.
- Suchen Sie sich im Voraus gemeinsam eine der sechs Fragen aus und drucken Sie die Vorlagen zweimal aus. Sie können die Fragen der Reihe nach bearbeiten oder sich für eine beliebige Frage entscheiden.
- Beantworten Sie die Fragen jeder für sich allein. Nehmen Sie sich so viel Zeit wie Sie brauchen.
- Lesen Sie sich anschließend die Ergebnisse vor oder berichten Sie frei darüber.
- Hören Sie sich gegenseitig aktiv zu. Lassen Sie einander ausreden. Hören Sie, was der andere über sich selber preisgibt.
- Beachten Sie hilfreiche Kommunikationsregeln (S.36).

Wichtige Hinweise

Reden Sie miteinander so lange Sie es für richtig halten. Lassen Sie sich leiten. Vielleicht nimmt das Gespräch eine ganz andere Richtung an. Machen Sie nicht den Fehler und hüpfen zu schnell von Frage zu Frage. Weniger ist hier auf jeden Fall mehr. Es geht um Qualität und Tiefe der Gespräche und nicht Quantität.

Es kann durchaus passieren, dass die gestellten Fragen intensive Gefühle auslösen können. Versuchen Sie in so einem Fall nicht die Gefühle auf die Seite zu schieben, nur um die Frage zu beantworten. Diese Gefühle sind wichtig. Geben Sie immer zuerst Ihren Gefühlen Raum. Eine gute Möglichkeit ist es, zu beschreiben, warum es Ihnen im Augenblick schwer fällt eine Antwort zu finden. Oder versuchen Sie das Gefühl zu beschrieben, das da gerade aufkommt. Seien Sie ehrlich zu sich selbst.
Mit diesen Hinweisen sind Sie nun gut gerüstet.
Wir wünschen Ihnen viele schöne Gespräche, Aha-Erlebnisse und ein gute Zeit als Paar.

Ihre Sara & Peter Michalik

Hinweis:

Wir möchten Sie darauf hinweisen, dass dieses Buch bei ernsten Problemen in der Partnerschaft, die professionelle Hilfe bei einer Fachperson aus den Bereichen Psychotherapie oder Familien-, Ehe- und Paarberatung nicht ersetzen kann.

Frage Nr. 1

Was war in den letzten 7 Tagen das Schönste für Sie in Ihrer Beziehung?

Diese Frage könnte eine wöchentliche Aufgabe werden, wenn Sie möchten. Zum Beispiel als ein Ritual, das Sie zusammen mit Ihrem Partner / Ihrer Partnerin am Ende der Woche durchführen. Damit diese Frage ihr volles Potenzial entfalten kann, wird sie in zwei Teile aufgeteilt. Der Grund dafür ist ein Wechsel der Perspektive, der nur durch die Teilung möglich ist.

Teil 1
Was war in den letzten 7 Tagen das Schönste für Sie in Ihrer Beziehung?

1.
Beantworten Sie auf dem Arbeitsblatt (Schritt 1) diese Frage. Beschreiben Sie die Situation so detailliert wie möglich.

2.
Jetzt kommt der Perspektivenwechsel. Beantworten Sie auf dem Arbeitsblatt (Schritt 2) diese Frage. Beschreiben Sie die Situation so detailliert wie möglich.

Teil 2

Was glauben Sie, hat Ihr Partner / Ihre Partnerin aufgeschrieben?

1.
Beschreiben Sie jetzt auf dem Arbeitsblatt (Schritt 3), warum Sie glauben, dass genau das, das Schönste war für Ihren Partner / Ihre Partnerin.

2.
Lesen Sie sich die Ergebnisse vor und reden Sie darüber.

Wenn Sie diese Fragen wie oben vorgeschlagen als ein Ritual, also jede Woche praktizieren, kann es folgende Vorteile für Sie haben:
1. Sie denken regelmäßig über die schönen Erlebnisse mit Ihrem Partner / Ihrer Partnerin nach und können diese besser festhalten.
2. Das wiederum kann das Gefühl von „Zufriedenheit" in der Beziehung steigern.
3. Durch diese regelmäßige Reflexion der Erlebnisse wird Ihnen besser bewusst, durch was genau Ihre Bedürfnisse und Wünsche befriedigt werden.
4. Sie können sich besser in das Denken und Empfinden Ihres Partners / Ihrer Partnerin hineinversetzten.

Arbeitsblatt zu Frage I

Sie finden alle Arbeitsblätter zum Ausdrucken unter:
www.beziehungs-abc.ch/vorlagen2015

Was war in den letzten 7 Tagen das Schönste für Sie in Ihrer Beziehung?

Schritt 1
Beschreiben Sie die Situation so detailliert wie möglich.

Schritt 2
Was glauben Sie hat Ihr Partner / Ihre Partnerin aufgeschrieben?

Schritt 3
Warum ist das was Sie unter Schritt 2 aufgeschrieben haben für Ihren Partner / Ihre Partnerin das Schönste?

Frage Nr. 2

Wie haben Sie sich kennengelernt?

Unserer Meinung nach ist dies eine der wichtigsten Fragen für ein Paar. Ich stelle diese Frage in der Paar- und Eheberatung im Laufe der Beratungsgespräche jedem Paar. Es gibt nur einen Grund dafür: Ich möchte wissen und verstehen wie das Feuer zwischen den zwei Menschen entstanden ist. Und ich kann Ihnen sagen, man kann auch bei Paaren, die schon zwanzig und mehr Jahre zusammen sind, die eventuell momentan in einer Krise stecken, das Feuer in ihren Augen, das Lachen in ihren Gesichtern sehen, wenn sie ihre Geschichte erzählen. Dafür liebe ich meinen Beruf.

Hinweis:

Unterschätzen Sie bitte diese Frage nicht. Beantworten Sie die Frage nicht einfach so. Benutzen Sie bitte die Vorlage, und versuchen Sie bitte alle Fragen auf dieser Vorlage zu beantworten. Schreiben Sie alle Details auf, die Ihnen in den Sinn kommen. Es macht durchaus Sinn, die Frage zuerst zu beantworten und erst dann eine Verabredung mit Ihrem Partner / Ihrer Partnerin zu machen, um über die Ergebnisse zu sprechen. Dann können Sie sich nämlich zurücklehnen und das was Sie da hören genießen.

Arbeitsblatt zu Frage 2

Sie finden alle Arbeitsblätter zum Ausdrucken unter:
www.beziehungs-abc.ch/vorlagen2015

Wie haben Sie sich kennen gelernt?

(Wenn Sie sich über eine Internetplattform kennengelernt haben, beschreiben Sie Ihr erstes Treffen.)

Teil 1

Das erste Treffen:

Wo war das erste Treffen? Was waren Ihre ersten Gedanken als Sie Ihre Partnerin / Ihren Partner gesehen haben? Wie kam es zum Kontakt? Wer hat wen angesprochen? Was hat er/sie angehabt? Welche Musik wurde gerade gespielt? Was haben Sie gegessen? In welcher Stimmung waren Sie kurz vorher? Wie lange war die erste Begegnung? Wann haben Sie sich wieder gesehen? ...

...und wie ging es weiter?

Gehen Sie ruhig ins Detail.

Teil 2

In was genau haben Sie sich verliebt?

Schreiben Sie z.B. nicht nur

- „Deine Augen" sondern beschreiben Sie die Augen und ihre Wirkung auf Sie.
- „Wir haben viele Gemeinsamkeiten" sondern welche sind es genau.
- „Dein Aussehen" sondern was genau gefiel Ihnen, was am meisten.
- „Dein Charakter" sondern wie ist er, was ist die besondere Eigenschaft.

Teil 3

Was kann Ihr Partner / Ihre Partnerin besonders gut?

Zählen Sie mindestens fünf Fähigkeiten auf.

1. _____

2. _____

3. _____

4. _____

5. _____

Welche Fähigkeit davon ist die Beste?

_____

Variante beim Teil 3

Lassen Sie zuerst Ihren Partner / Ihre Partnerin raten, was Sie in diesem Teil aufgeschrieben haben.

Frage Nr. 3

Was war die größte Krise in unserer Beziehung, und wie haben wir sie gemeistert?

Krisen gehören zur jeder Beziehung. Oder anders ausgedrückt, eine Beziehung ohne Krisen gibt es nicht. Doch Krisen sind nicht per se schlecht, es kommt nur darauf an wie Sie mit Krisen umgehen. Eines lässt sich mit Sicherheit sagen: Krisen zu vermeiden ist nicht der richtige Weg. Es ist eher besorgniserregend, wenn ein Paar sagt: Wir haben noch nie eine Krise gehabt. Da läuten sofort alle Alarmglocken bei mir. Krisen sind vielmehr Schätze, die es aber zu bergen gilt. Aus diesem Grund lautet die Frage Nr. 3 folgendermaßen:

Was war die größte Krise in unserer Beziehung, und wie haben wir sie gemeistert?

Auf den ersten Blick eine einfache Frage, die es aber in sich hat. Denn die Antwort auf diese Frage könnte über die Zukunft Ihrer Beziehung entscheiden. In ihr steckt eine ungeahnte Kraft, die es zu entdecken gilt. Bergen Sie den Schatz! Damit Sie diese Kraft aktiveren können, ist es wichtig herauszufinden, welches diese Kraft oder Ressource ist, die es möglich macht Krisen zu bewältigen und wie Sie diese Kraft wieder beleben können. Benutzen Sie bitte auch hier die Vorlage, Sie wird es Ihnen einfacher machen.

Arbeitsblatt zu Frage 3

Sie finden alle Arbeitsblätter zum Ausdrucken unter: www.beziehungs-abc.ch/vorlagen2015

Was war die größte Krise in unserer Beziehung, und wie haben wir sie gemeistert?

Schreiben bzw. beschreiben Sie die größte Krise in Ihrer Beziehung. Wann war es? Was war Ihrer Meinung nach der Auslöser? Was hat Sie am meisten verletzt? Warum war es die größte Krise? Wie lange hat sie gedauert? Beschreiben Sie so detailliert wie möglich.

Was war für Sie der Grund / Ursache für die Krise?

Was war der Grund aus der Sicht des Partners / der Partnerin?

Nennen Sie nun fünf Gründe, warum Sie die Beziehung nicht aufgegeben haben.

1. _____

2. _____

3. _____

4. _____

5. _____

Wie haben Sie die Krise bewältigt?

Wer hat den Anfang gemacht? Was genau haben Sie anders gemacht als sonst? Wie hat sich Ihre Partnerin / Ihr Partner verhalten? Wie lange hat es gedauert bis es sich wieder anders angefühlt hat?

Was haben Sie bei der Bewältigung der Krise anders gemacht als sonst?

Woran haben Sie gemerkt, dass die Krise vorbei ist?

Gehen Sie hier bitte ins Detail. Das ist ganz wichtig. Was genau wurde anders? Woran haben Sie es gemerkt? Was glauben Sie, woran hat es Ihr Partner / Ihre Partnerin gemerkt? Woran haben es Ihre Freunde gemerkt?

Welche konstruktiven Veränderungen wurden durch die Bewältigung der Krise in Ihrer Beziehung ausgelöst?

Jetzt haben Sie ein richtiges Stück Arbeit geleistet. Ich finde Sie haben sich eine Belohnung verdient. Tun Sie sich etwas Gutes, verwöhnen Sie sich. Was auch immer das sein wird, genießen Sie es.

Frage Nr. 4

Welche Probleme werden wir in unserer Beziehung nicht lösen können?

Wenn zwei Menschen zusammen eine Beziehung führen, ist es aufgrund der eigenen Familiengeschichte und den früheren Erfahrungen normal, dass es immer wiederkehrende Themen oder Muster gibt, die nicht gelöst werden und zu einem Konflikt anschwellen können. Das muss nicht das Ende einer Beziehung sein. Der Umgang mit solchen wiederkehrenden Konflikten kann bewältigt werden. Frage Nr. 4 kann Ihnen dabei helfen.

Welche Probleme werden wir in unserer Beziehung nicht lösen können?

Selbst wenn Ihr Partner / Ihre Partnerin (noch) nicht offen für diese Aufgabe ist, kann es sich lohnen mal genauer hinzuschauen, welche Themen immer wieder aufkommen. Entscheidend ist, wie Sie damit umgehen und nicht, dass diese Themen immer wieder kommen. Wenn Sie gemeinsam über diese Frage sprechen möchten, beachten Sie dabei die hilfreichen Kommunikationsregeln im letzten Kapitel. Versuchen Sie eine Metaebene einzunehmen und miteinander über Ihre persönliche Situation und Ihre Kommunikation zu sprechen.

Arbeitsblatt zu Frage 4

Sie finden alle Arbeitsblätter zum Ausdrucken unter: www.beziehungs-abc.ch/vorlagen2015

Welche Probleme werden wir in unserer Beziehung nicht lösen können?

Machen Sie es sich gemeinsam gemütlich und beantworten Sie die Fragen je unabhängig voneinander. Nehmen Sie sich anschließend Zeit in einer entspannten Atmosphäre über die Probleme zu sprechen.

Welcher Konflikt scheint immer wieder nach demselben Muster abzulaufen und scheint für Sie unlösbar?

Benennen Sie den Ablauf so detailliert wie möglich. Wann und wie oft tritt der Konflikt auf? Was sind die möglichen Auslöser? Wenn es mehrere Konflikte gibt, wählen Sie das aus Ihrer Sicht dringendste Thema aus, allenfalls wiederholen Sie den folgenden Ablauf.

Welche Gefühle löst die Konfliktsituation in Ihnen aus?

Beschreiben Sie die Gefühle möglichst genau.

Welche Gefühle werden wohl bei dieser Situation Ihrem Partner / Ihrer Partnerin ausgelöst?

Warum stellt die Situation ein Problem für Sie dar?

Was können Sie dazu beitragen, damit diese Situation nicht mehr auftritt oder sich verändert?

Was wünschen Sie sich von Ihrem Partner / Ihrer Partnerin?

Beschreiben Sie was ihr / sein Beitrag sein kann, die Situation zu verändern.

Erinnert Sie der Konflikt an frühere Beziehungserfahrungen? An welche? Inwiefern?

Frage Nr. 5

Was verbindet uns als Paar?

Je nachdem, wie lange Sie schon zusammen sind, gibt es mehr oder weniger Dinge, die Sie als Paar verbinden. Es können gemeinsame Erlebnisse, Krisen oder Höhenflüge sein, die dieses Gefühl von Verbundenheit vermitteln. In einer Beziehung ist es wichtig zu wissen, was uns als Partner verbindet. Gemeinsam Erlebtes stärkt das Fundament auf dem die Beziehung steht. Sich daran zu erinnern hilft, dieses Fundament zu festigen und auszubauen. Und die aktive Auseinandersetzung damit, stärkt unser Bewusstsein für die Einmaligkeit und die Ressourcen unserer Partnerschaft.

Was verbindet uns als Paar?

Hier geht es nicht nur um Gemeinsamkeiten, wie Hobbies oder gleiche Interessen. Gesucht werden hier Erfahrungen aus allen Lebensbereichen, die Sie gemeinsam durchlebt haben.

Arbeitsblatt zu Frage 5

Sie finden alle Arbeitsblätter zum Ausdrucken unter: www.beziehungs-abc.ch/vorlagen2015

Was verbindet uns als Paar?

Was verbindet Sie am stärksten mit Ihrem Partner / Ihrer Partnerin? Schreiben bzw. beschreiben Sie mindestens fünf Erfahrungen, Gemeinsamkeiten und Lebensbereiche, die Sie besonders mit ihm / ihr verbindet. Schreiben Sie zu jeder Nummer einen Aspekt und beschreiben Sie, was Sie dabei erlebt haben bzw. erleben.

Nr. 1

Nr. 2

Nr. 3

Nr. 4

Nr. 5

Nicht alles ist gleich bedeutsam.

Ordnen Sie der Wichtigkeit nach an, was Ihnen das stärkste Gefühl von Verbundenheit gibt.

1. _____

2. _____

3. _____

4. _____

5. _____

Warum ist dieser Aspekt, den Sie am stärksten gewichtet haben, der wichtigste?

Gehen Sie hier ruhig ins Detail, warum gerade dieser Aspekt das Gefühl von Verbundenheit so stark macht?

Frage Nr. 6

... und was ist mit unserer Sexualität?

Bei einem so sensiblen Thema wie Sexualität fällt es den meisten Menschen schwer darüber zu reden. Die Gründe dafür können sehr verschieden sein: Scham, Angst vom Partner abgelehnt zu werden oder keine Worte für die eigenen Bedürfnisse finden. Obwohl wir permanent über die Medien und Werbung mit sexualisierten Themen konfrontiert werden, lernen wir nicht darüber zu sprechen. Vor allem dann nicht, wenn es um unsere intimen Bedürfnisse und Wünsche geht. Genau aus diesem Grund haben wir mehrere Fragen für Sie vorbereitet, die Ihnen helfen über das Thema Sexualität zu reden. Das ist sehr wichtig, denn die Ergebnisse der meisten Studien über die Kommunikation in diesem Bereich lassen sich schnell zusammenfassen: Paare reden zu wenig über ihre Sexualität (vgl. Kapitel Sexualität: Das Tabuthema in Partnerschaften).

Trotzdem ist die sexuelle Zufriedenheit in einer Liebesbeziehung ein wichtiger Gradmesser für die erlebte Qualität der Beziehung insgesamt. Das Reden über Sex oder beim Sex lässt sich üben. Je mehr Sie es tun, desto mehr gewöhnen Sie sich daran. Nutzen Sie die Frage Nr. 6 um damit zu beginnen oder Ihr Gespräch zu vertiefen.

Es gibt einen schönen Nebeneffekt wenn Sie über Sex reden. Mit der Zeit werden Sie wahrscheinlich merken, dass Reden über Sex auch ziemlich erotisch und erregend sein kann.

Arbeitsblatt zu Frage 6

Sie finden alle Arbeitsblätter zum Ausdrucken unter: www.beziehungs-abc.ch/vorlagen2015

... und was ist mit unserer Sexualität?

Nr. 1a

Was waren die schönsten sexuellen Erlebnisse in unserer Beziehung?

Gehen Sie hier ruhig ins Detail. Was genau macht diese Erlebnisse zu Ihren schönsten? Was hat Ihnen besonders gefallen?

Nr. 1b

Was denken Sie waren die schönsten sexuellen Erlebnisse für Ihren Partner / Ihre Partnerin?

Nr. 2

Was ist in unserem Sexualleben Alltag geworden? Was daran finden Sie gut, was weniger?

Wenn es etwas gibt, das Sie gerne ändern möchten, schreiben Sie es auf!

Für Sie?

Was ist es für Ihren Partner / Ihre Partnerin?

Nr. 3a

Wo erleben Sie in Ihrer Beziehung Zärtlichkeit? Nennen Sie drei Beispiele.

1. _____

2. _____

3. _____

Nr. 3b

Wünschen Sie sich mehr Zärtlichkeit und Zuwendung? In welchen Situationen?

(Beschreiben Sie möglichst konkret.)

Nr. 4

Was genießen Sie besonders? Wovon dürfte es mehr geben?

Seien Sie auch hier möglichst konkret. Beschreiben Sie Berührungen, Stellungen, Tageszeiten, Orte,... die Sie mögen und sexuell anregen.

Nr. 5

Was vermissen Sie in Punkto Sexualität in Ihrer Beziehung?

Was glauben Sie vermisst Ihr Partner / Ihre Partnerin?

Nr. 6

Was wünschen Sie sich für Ihr Sexualleben am meisten?

2x5 Kommunikationsregeln

Diese einfachen Kommunikationsregeln können Ihnen helfen die Gesprächsqualität in Ihrer Beziehung zu steigern.

Wichtige Regeln für den Redner
1. Sprechen Sie in ICH-Botschaften. Sprechen Sie Ihre Gefühle, Gedanken und Wünsche aus.
2. Beschreiben Sie Ihre Gefühle und Bedürfnisse so genau wie möglich.
3. Beschrieben Sie konkrete Situationen oder konkretes Verhalten.
4. Bleiben Sie beim Thema. Nur wenn ein anderes Thema sich vordrängt und sich nicht beiseiteschieben lässt, klären Sie zuerst dieses Thema.
5. Suchen Sie Lösungen, nicht die Probleme.

Wichtige Regeln für den Zuhörer
1. Zeigen Sie Interesse, verbal und nonverbal. Wenden Sie sich dem Sprecher hin.
2. Wiederholen Sie in eigenen Worten das Gehörte. So hat Ihr Partner / Ihre Partnerin die Möglichkeit eventuelle Missverständnisse zu berichtigen.

3. Lassen Sie den Redner ausreden. Wenn Sie nachfragen, stellen Sie offene Fragen.
4. Achten Sie darauf, was der Redner über sich und seine Gefühle aussagt. Nehmen Sie seine persönliche Botschaft und sein Erleben ernst, selbst dann wenn Sie anderer Meinung sind. Man muss sich nicht einig sein um sich gegenseitig verstehen zu können.
5. Geben Sie Rückmeldung, wie es Ihnen mit dem Gesagten geht. Welche Gefühle hat es bei Ihnen ausgelöst. Benutzen Sie auch ICH-Botschaften.

Beziehungskrise: Neustart in drei Schritten

1. Schritt: Rückschau

Wenn Sie erwarten, nach der Lektüre dieses Buches bzw. der Durcharbeit der Fragen wird sofort alles anders, müssen wir Sie leider enttäuschen. Was sich über Jahre hinweg eingeschlichen hat, geht über Nacht nicht weg. Wenn Sie aber etwas ändern wollen und Ihnen bewusst ist, dass Sie dafür etwas tun können, dann lesen Sie weiter. Warum es zu Krisen in der Beziehung kommt, liegt oft an unserer teilweise romantischen Vorstellung, wie eine Beziehung funktioniert.

Am Anfang Ihrer Beziehung, als sie noch nicht zusammen gewohnt haben, mussten Sie sich mit Ihrem Partner, Ihrer Partnerin verabreden. Das taten Sie vermutlich so oft sie konnten. Zum Ausgehen, zum Spazierengehen, zum Reden oder um miteinander Sex zu haben. Alles kein Problem, die normalste Sache der Welt. Irgendwann sind Sie dann zusammengezogen. Und dann: Sie verabreden sich nicht mehr, schließlich wohnen Sie zusammen. Der gemeinsame Ausgang wird oft wegen Müdigkeit oder anderen Terminen gestrichen. Geredet wird nur noch über den Job oder wegen der Kinder. Fazit: Sie wohnen zwar zusammen, doch die gemeinsame Zeit als Paar wird immer weniger. Dies geschieht ganz langsam, so dass Sie es kaum merken. Oft ist es nur so ein komisches undefiniertes Gefühl, dass etwas nicht mehr stimmt, unbefriedigend ist.

2. Schritt: Istzustand

Die Wahrscheinlichkeit, dass Sie und Ihr Partner / Ihre Partnerin gleichzeitig neben Job, Kinder und Hobbies Zeit als Paar für einander haben, sinkt von Tag zu Tag. Unsere Vorstellung, dass sich diese Zeit einfach so ergibt ist einfach falsch! Sie tut es nicht! Nicht nur bei Ihnen, sondern bei allen. Sie müssen dieser PAARZEIT bewusst einen Platz im Terminkalender geben. Wenn Sie aber die aktive Paarzeit wichtig nehmen, ihr einen Wert geben, dann werden Sie belohnt mit Aufmerksamkeit, mit Intensivität und dem Gefühl nach dem wir uns alle sehnen: Liebe.

Erinnern Sie sich ständig daran: Die gemeinsame Paarzeit ist der Grund warum Sie und Ihr Partner / Ihre Partnerin zusammen sind. Sie ist das wichtigste in Ihrer Beziehung.

3. Schritt: Neustart

Eventuell mag es für Sie zu banal klingen, aber die Lösung vieler Paarkrisen liegt tatsächlich in der Erhöhung der Paarzeit. Denken Sie nur an den Anfang Ihrer Beziehung als Sie sich für alles verabredet haben. Fangen Sie wieder damit an und verabreden Sie sich

mit Ihrem Partner / Ihrer Partnerin. Tragen Sie fixe Termine in Ihre Agenden ein. Planen Sie ein schönes Essen, ein Konzertbesuch, ein Wochenende in den Bergen,... Was würden Sie gerne machen?
Fangen Sie noch heute damit an! Sie haben keine Zeit zu verlieren.

Warum?

Sie fragen sich vielleicht, warum das so wichtig ist? Oder denken: „Wenn wir uns verabreden müssen, dann ist unsere Beziehung am Ende" (Zitat aus der Beratungspraxis). FALSCH. Wir meinen: Dann fängt die Beziehung gerade erst an. Sie meinen es ist seltsam sich mit der eigenen Frau, dem eigenen Mann zu verabreden. Sie haben Recht, es ist am Anfang ungewohnt. Sie haben es auch schon lange nicht getan. Probieren Sie es!
Machen Sie ein Rendezvous mit Ihrem Partner / Ihrer Partnerin. Überlegen Sie sich vorher, was Sie gerne machen würden. Planen Sie es.
Indem Sie sich verabreden, geben Sie der Zeit mit Ihrem Partner, Ihrer Partnerin einen besonderen Wert. Sie bereiten sich auf das Rendezvous vor, machen sich hübsch, ziehen etwas Besonderes an, haben Vorfreude,... Diese Wertschätzung sind Sie sich schuldig und unterschätzen Sie ihre Wirkung nicht.

Wie oft?

Wir empfehlen mindestens eine Verabredung in der Woche. Doch es ist nicht die Quantität, die es ausmacht, sondern die Qualität der Zeit. Es müssen nicht immer Stunden sein. Wenn Sie eine stressige Woche haben, reichen manchmal auch nur 15 intensive Minuten Paarzeit. Diese Zeit, die Sie nur für den Partner und sich nehmen, werden Sie über die Woche bis zum nächsten Rendezvous tragen.

Damit es gelingt, ist hilfreich, wenn Sie sich die Verantwortung teilen. Eine Woche überlegen Sie sich wann und was Sie gerne tun möchten, in der folgenden Woche macht es Ihre Partnerin / Ihr Partner. So ist es gerecht aufgeteilt und hat den Vorteil, dass jeder seine Ideen oder Vorlieben planen und umsetzen kann.

Was Sie tun dürfen!

Wenn Sie ein Rendezvous abgemacht haben und es kommt etwas dazwischen, dann dürfen Sie auf gar keinen Fall diesen Termin streichen. Er ist der wichtigste Termin für Ihre Beziehung in dieser Woche. Wenn es tatsächlich etwas Wichtigeres gibt, dann suchen Sie unbedingt einen Ersatztermin und legen ihn gleich fest.

Fazit

Machen Sie heute noch ein Rendezvous ab. Verabreden Sie sich mindesten einmal die Woche. In der Anfangsphase eventuell auch öfter. Und wenn Sie können, planen Sie mit Ihrer Partnerin / Ihrem Partner einen ganzen Tag oder ein Wochenende (Wenn Sie Kinder haben, leisten Sie sich einen Babysitter, besser können Sie Ihr Geld nicht anlegen). Fahren Sie weg, ändern Sie das Panorama und genießen Sie die Zweisamkeit. Sie werden sehen, aktive Paarzeit ändert Ihre Beziehung!

Sexualität: Das Tabuthema in Partnerschaften

Sex ist das Thema Nummer eins. Nicht aber in Partnerschaften. Was auf den ersten Blick vielleicht erstaunt, belegen renommierte Studien: Paare reden zu wenig über ihre Sexualität. Lesen Sie, warum das so ist und was Sie tun können damit Sex bei Ihnen kein Tabuthema ist.

Wie kommt das?

Bei einem so sensiblen Thema wie Sexualität fällt es den meisten Menschen schwer darüber zu reden. Die Gründe dafür können sehr verschieden sein: Scham, Angst vom Partner abgelehnt zu werden, keine Worte für die eigenen Bedürfnisse finden, … Obwohl wir permanent über die Medien und Werbung mit sexualisierten Themen konfrontiert werden, lernen wir nicht darüber zu sprechen. Vor allem dann nicht, wenn es um unsere intimen Bedürfnisse und Wünsche geht.

Studien belegen auch:

Eine der aussichtsreichen Methoden die Qualität (Lust und Spaß) und die Häufigkeit beim Sex zu steigern ist, das miteinander über Sexualität reden.

Beim Sex ist Reden Gold und Schweigen Silber.

Klingt einfach, kann sich aber je nach persönlicher Veranlagung und der konkreten Beziehungssituation als schwierig erweisen. Einerseits fallen den meisten Menschen tiefgehende Gespräche über die eigenen, konkreten sexuellen Bedürfnisse nicht leicht. Andererseits ist es eine Tatsache, dass je nötiger die Gespräche in einer Beziehung wären, umso grösser ist die Hemmschwelle diese zu überwinden

Größter Unzufriedenheitsfaktor in der Sexualität

Unerfüllte Wünsche stehen ganz oben auf der Skala, wenn es um Unzufriedenheit in der Sexualität geht. Aber: „Etwa 36 bis 40 Prozent der sexuellen Wünsche von Männern und Frauen werden nur deshalb nicht erfüllt, weil der Partner diese Wünsche gar nicht kennt. Würde er sie kennen, würde er sie aber gern erfüllen"[1]

Darum noch einmal:

Beim Sex ist Reden Gold und Schweigen Silber.

Es ist also für die Beziehungsqualität fundamental wichtig, sich nicht nur Gedanken über die eigenen sexuellen Wünsche zu machen, sondern auch mit dem Partner / der Partnerin darüber ins Gespräch zu kommen. Dies wird im Ergebnis verschiedener Studien deutlich sichtbar. Bei einer dieser Studien wurden zuerst die sexuellen Wünsche beider Partner in Form eines Tests erfasst. Danach bekamen beide Partner die übereinstimmenden Wünsche mitgeteilt.

„Sechs Wochen später wurden die Teilnehmer noch einmal befragt. 63 Prozent der Männer und 66 Prozent der Frauen berichteten über eine deutlich gesteigerte sexuelle Zufriedenheit. Beide Geschlechter fühlten sich nach dem Test von ihren Partnern auf sexuellem Gebiet besser verstanden. Auch die Kommunikation über Sex verbesserte sich".[2] (Den Test finden Sie hier: http://www.theratalk.de/) Doch es gibt auch sogenannte „Fallen" in Bezug auf Sexualität. Zwei davon haben stellen wir hier vor.

Sexualität: Falle Nr. 1

Ein weiteres Kommunikationsproblem besteht darin, dass wir Probleme, die nichts mit Sex zu tun haben, im Bett austragen: Liebesentzug als Druckmittel oder Strafe. Gründe dafür können ungeklärte Streitigkeiten, Bevormundung oder einfach Ärger über das Verhalten des Partners /der Partnerin sein. Das alles kann unserem Verlangen und deren Befriedigung im Wege stehen. Wer Sex als eine Art Bestrafung benutzt, straft leider vor allem sich selbst. Aber Achtung: Oft ist uns diese Strategie gar nicht so bewusst. Wir kommen ihr aber auf die Schliche, wenn wir dem Nachgehen, was uns wirklich beschäftigt und woher unsere „Unlust" kommen könnte. Regelmäßige Gespräche über die Partnerschaft helfen daher auch solche unbewussten Strategien vorzubeugen, da der „Dampf" am richtigen

Ort (im direkten Gespräch) und frühzeitig rausgelassen werden kann.

Sexualität: Falle Nr. 2

„Wenn mich der Partner liebt, dann weiß er, was ich beim Sex brauche". Dieser Gedanke ist leider eine unerfüllbare Wunschvorstellung. Die Trefferquote ist mit Lottospielen vergleichbar. Leider geistert diese Wunschvorstellung in vielen Köpfen als Mythos herum. Unausgesprochen Wünsche und Vorstellungen können fast nur zur Enttäuschung und Frustration führen. Die Bedürfnisse und Vorlieben in Punkto Sexualität sind von Mensch zu Mensch sehr verschieden. Es ist schon schwierig genug über die eigenen Wünsche und Bedürfnisse Bescheid zu wissen, geschweige denn die Wünsche des Partners oder der Partnerin zu kennen.

Die sexuelle Zufriedenheit in einer Liebesbeziehung ist ein wichtiger Gradmesser für ihre Qualität.

Wann müssen wir mit dem Reden anfangen?

Als Paar muss man spätestens dann über Sex reden, wenn man ihn haben will. Der Heidelberger Paartherapeut Ulrich Clement sagt, dass beide Partner sich ganz zu Anfang einer Beziehung sexuell auf den kleinsten gemeinsamen Nenner einigen, das heisst, beide könnten sich eigentlich noch mehr, noch anderes, noch Besseres vorstellen, sind aber zu gehemmt, um offen darüber zu reden. Wenn wir dann nicht auch gleich damit beginnen darüber zu sprechen, wird es eher schwieriger als einfacher.

Reden über Sex ist eine Übungssache

Das Reden über Sex oder beim Sex lässt sich üben. Je mehr Sie es tun, desto mehr gewöhnen Sie sich daran. Als Redehilfe eignen sich zum Beispiel Bücher und Filme mit erotischen Inhalten. Oder Sie stellen sich gegenseitig einfache Fragen wie:
Was gefällt dir beim Sex?
Was magst du am liebsten?
Was fühlt sich besonders gut an?
Weitere hilfreiche Fragen sind: Was sind deine Phantasien? Was möchtest du gerne mal ausprobieren?

Eine hilfreiche Anleitung finden Sie unter Frage Nr. 6.

Eifersucht: 4 Tipps was Sie dagegen tun können

Natürlich, ein bisschen Eifersucht gehört dazu. Denn die Eifersucht drückt aus, dass uns der Partner oder die Partnerin etwas bedeutet. Doch Eifersucht kann das Leben sehr ungemütlich machen, und die Beziehung enorm belasten schlimmstenfalls sogar zerbrechen. Aussagen von Betroffenen hören sich so an: „Es fühlt sich an wie im Gefängnis" oder „Ich habe keine Luft zum Atmen in unserer Beziehung". Grundsätzlich ist gegen eine gesunde Eifersucht nichts einzuwenden, doch wenn sie unbegründet, sehr intensiv und immer wieder vorkommt, ist Vorsicht geboten. Wir sagen Ihnen, was Sie bei Eifersucht tun können und was Sie tun müssen, damit es nicht zu einem „Gefängnis" wird.

Was ist Eifersucht?

Auf den ersten Blick ist Eifersucht ein Gefühl, welches äußere Ereignisse und andere Menschen in uns auslösen können. Wir reagieren mit Eifersucht weil unser Gegenüber dieses oder jenes macht. Vereinfacht dargestellt, verbergen sich hinter der Eifersucht eine Mischung aus verschiedenen Gefühlen wie: Angst, Wut, Traurigkeit, Hass, Minderwertigkeitsgefühle, usw. Vorrangig ist Eifersucht mit der Angst verbunden, vom Partner nicht mehr geliebt und/oder verlassen zu werden. Wie alle Gefühle, hat auch die Eifersucht Auswirkungen auf unser Denken, unsere Wahrnehmung und unser Verhalten.

Ursachen der Eifersucht

Hinter unbegründeter oder übertriebener Eifersucht verbergen sich zumeist Selbstzweifel und die Einstellung, unbedingt die Liebe und Aufmerksamkeit des Partners zu brauchen. Betroffene haben grosse Angst vor dem Verlust des Partners. Diese Angst verleitet sie dazu, dem Partner / der Partnerin hinterher zu spionieren, persönliche Sachen zu durchwühlen und auf verdächtige Hinweise und einen möglichen Rivalen oder eine mögliche Rivalin zu untersuchen.

Aufgrund der Verlustangst und Selbstunsicherheit verlangen eifersüchtige Menschen oft ständig neue Liebesbeweise und die Zusicherung für den Partner noch immer attraktiv zu sein. Diese Angst vor dem Verlust der Liebe des Partners entsteht, wenn wir unser Selbstwertgefühl völlig vom Partner abhängig machen, d.h. uns und unseren Wert praktisch nur noch über den anderen definieren.

Zitat:
> „Eifersucht ist kein Beweis für Liebe, sondern Ausdruck der Angst, die Liebe des anderen zu verlieren."[3]

(Dr. Rolf Merkle)

Psychologen fanden heraus, dass ein niedriges Selbstwertgefühl dazu beiträgt, dass Menschen zu starker Eifersucht neigen, und dass Menschen auch dann eifersüchtig reagieren, wenn es sich um einen Bereich handelt, der ihnen sehr wichtig ist.

Tipp 1

Auch in der Beziehung eigenständig bleiben

Achten Sie darauf, dass Sie Ihr Leben nicht vollständig abhängig von Ihrem Partner / Ihrer Partnerin machen. Schaffen Sie sich aktiv Zeiten, die Sie nur für sich nützen, mit Freunden ausgehen oder ein Hobby pflegen, das Ihnen gut tut. Holen Sie sich auch Komplimente von anderen Menschen ein und suchen Sie sich Bestätigungen aus anderen Lebensbereichen als nur der Partnerschaft.

Wie Partner reagieren

Ausgeprägte Eifersucht belastet nicht nur die Betroffenen selber sondern auch deren Partner / Partnerinnen. Sie fühlen sich kontrolliert. Am schlimmsten aber ist, dass mit der unbegründeten Eifersucht ein Vertrauensverlust einhergeht. Vertrauen ist jedoch die Basis einer gesunden und schönen Beziehung. Auch wenn sie zunächst versuchen zu beweisen, dass man ihnen vertrauen kann, merken sie, dass den eifersüchtigen Partner letztlich nichts beruhigen kann. So kann jedes Tun oder auch Nicht-Tun ein Indiz für einen möglichen Betrug sein. Verständlicherweise gerät man so häufig in einen immer schwierigeren Teufelskreislauf, da die Partner zum Beispiel dazu neigen möglichst alles zu verschweigen was neue Eifersuchtsszenen provoziert. Der eifersüchtige Partner spürt jedoch oder kriegt ganz direkt mit, dass gewisse Dinge verschwiegen oder heimlich durchgeführt werden. Was logischerweise das Misstrauen eher schürt und erneut Gründe für (vermeintlich) berechtigte Eifersucht liefert.

Tipp 2

Teufelskreisläufe durchbrechen

Machen Sie sich bewusst, wie Ihr Verhalten das Verhalten des Partners / der Partnerin beeinflusst. Durchbrechen Sie Ihr Verhalten, dann ändert sich auch das Verhalten des Partners.

Üben Sie sich darin Ihrem Partner Vertrauen zu schenken. Machen Sie das ganz gezielt und beabsichtigt. Sagen Sie sich und ihm: Ich vertraue dir. Lassen Sie Ihren Partner / Ihre Partnerin Dinge tun, von denen Sie nichts wissen. Lassen Sie Freiräume zu und nehmen Sie sich selber Freiräume heraus.

Eifersuchts-Fantasien sind am schlimmsten

Das Leben der Eifersüchtigen wird durch Fragen des Misstrauens bestimmt. Häufig ist es die Fantasie, die grossen Schaden und viel Angst anrichtet. Vor dem geistigen Auge des Eifersüchtigen läuft ein Film ab, der den Betrug beängstigend realistisch zeigt. Diese

Fantasien werden eins zu eins auf die Wirklichkeit übertragen und dem Partner / der Partnerin übergestülpt. Und genau hier ist der Knackpunkt. Unser Gehirn beginnt Szenarien durchzuspielen, die sich jenseits der Wirklichkeit abspielen. Sie können aktiv dagegen etwas tun, denn Sie entscheiden, ob Sie sich den Eifersuchts-Phantasien hingeben oder nicht.

Tipp 3

Übernehmen Sie die Kontrolle über Ihre Gedanken und Ihr eigenes Verhalten und nicht über das Verhalten des Partners

Wenn Sie merken, dass Sie Gefühle der Eifersucht überkommen, kann ein erster Schritt folgender sein: Sagen Sie innerlich oder laut "STOPP", wenn nötig auch mehrmals. Um die eifersüchtigen Gedanken und Gefühle durch das STOPP zu unterbrechen. Wenn Sie diesen Schritt schaffen, können Sie eine Meta-Ebene einnehmen und Ihre Eifersucht beobachten. Sie handeln nicht mehr aus der Eifersucht heraus, Sie beobachten sie. Jetzt haben Sie die Möglichkeit Ihr Verhalten zu kontrollieren. Statt eine impulsive Eifersuchtsszene zu machen, die Sie anschließend möglicherweise selber beschämt und alles andere als hilfreich für die Beziehung ist, können Sie Ihre Gefühle erforschen (Eine Vorlage dazu finden Sie hier: www.beziehungs-abc.ch/vorlagen2015).

Ein Beispiel aus der Praxis

Herr R.K.
Ich war immer eifersüchtig. Meine Frau, eine lebensfrohe und unternehmungslustige Person, konnte „ohne" mich aber auch mit mir das Leben genießen. Doch immer wenn Sie es ohne mich getan hat, wurde ich eifersüchtig. Doch sie hat weder mit jemandem geflirtet oder mir einen realen Anlass gegeben eifersüchtig zu sein. Vorwürfe, Szenen und Wutausbrüche waren an der Tagesordnung. Unsere Beziehung hat darunter sehr gelitten. Der Grund für meine Eifersucht lag bei mir. Unbewusst habe ich es nicht ertragen, dass meine Frau ohne mich glücklich ist. Selber war ich aber nicht fähig meine eigenen Bedürfnisse wahrzunehmen, geschweige denn diese zu befriedigen. Erst als ich gelernt habe, mich in meiner Eifersucht rauszunehmen und mich zu fragen, was „ich" eigentlich möchte und diese Bedürfnisse auch befriedigen konnte, ist meine Eifersucht schlagartig verschwunden.

Tipp 4

Gehen Sie dem nach, was Ihre Eifersucht eigentlich bedeuten könnte und woher diese wohl kommt

Wahrscheinlich ist es für Sie nicht so einfach, sich mit all den Gefühlen hinzusetzen und diese Fragen zu beantworten. Versuchen Sie es trotzdem. Je mehr Sie Ihrer Eifersucht auf den Grund gehen umso mehr werden Sie entdecken, dass Sie ihr immer weniger ausgeliefert sind.

Was genau hat Ihre Eifersucht ausgelöst?

Beschreiben Sie die Situation, so genau wie möglich. Was war Ihrer Meinung nach der Auslöser? Welche konkreten Hinweise lassen sich finden? (Vorsicht mit Fantasien, Vermutungen, Ängsten!)

Auf was genau sind Sie eifersüchtig?

Auf Ihren Partner / Ihrer Partnerin. Auf eine andere Person? Auf eine Situation / Begebenheit?

Was spricht dafür, dass Sie Ihrem Partner / Ihrer Partnerin vertrauen können?

Was könnte hinter der Eifersucht liegen?

1. Könnte es sein, dass ich meinen Partner / meine Partnerin um etwas beneide?

2. Könnte es sein, dass ich unbegründete Angst habe meinen Partner / meine Partnerin zu verlieren? Ist es möglicherweise eine starke Verlustangst?

3. Könnte es sein, dass ich etwas auf meinen Partner projiziere, dass ich selber gerne tunt würde / gemacht habe?

4. ....?

Werden Sie sich klar, dass Ihre Eifersuchtsgefühle nicht der Beweis sind für eine mögliche Untreue sondern ein Indiz dafür, dass SIE Angst vor etwas (z.B. dem Verlust des Partners) haben oder dass SIE unsicher sind.

Was können Sie dazu beitragen, dass SIE mehr Vertrauen in Ihren Partner / Ihre Partnerin bekommen?

Nennen Sie mindesten drei Punkte.

1. _____

2. _____

3. _____

Das können Sie NICHT verändern

Durch Kontrolle und Überwachung werden Sie Ihren Partner / Ihre Partnerin nicht davon abhalten Sie zu verlassen. Im Gegenteil, je mehr Sie Ihren Partner / Ihre Partnerin kontrollieren und einschränken umso mehr wird er / sie sich von Ihnen wegbewegen. Machen Sie einen einfachen Selbstversuch: Bitten Sie eine Vertrauensperson sie festzuhalten und zu umklammern. Sie werden beobachten, dass Sie nach einer gewissen Zeit den Impuls in sich spüren sich loszureißen.

Das können Sie verändern

Je mehr Sie sich selbst mögen und akzeptieren, umso mehr verlieren Sie die Angst, nicht mehr geliebt und gewollt zu werden. Je mehr wir uns selbst lieben, umso mehr glauben wir anderen, wenn sie ausdrücken, dass sie uns lieben. Auf längere Sicht sollte man lernen, dass das eigene Selbstwertgefühl eben nicht nur durch den Partner oder die Partnerin genährt wird, sondern es gilt zu entdecken, dass man auch eigene Bereiche hat und Bestätigung in sich selbst findet.

Was tun, wenn der Partner krankhaft eifersüchtig ist?
Wenn Ihr Partner / Ihre Partnerin grundlos und scheinbar krankhaft eifersüchtig ist, müssen Sie sich entschieden gegen seine Anklagen und Vorwürfe verwehren!

Frage Sie sich zuerst, was Ihr Beitrag zu seiner / ihrer Eifersucht gewesen sein könnte und bereinigen Sie etwaige Ursachen. Beachten Sie, dass Ihr Verhalten möglicherweise die Eifersucht auch unbewusst aufrechterhält. Auch wenn Sie Ihren Partner / Ihre Partnerin schützen und evtl. Streit vermeiden möchten, vermeiden Sie es Dinge zu verheimlichen. Sprechen Sie sich im Gegenteil offen dafür aus, dass Sie Ihren eigenen Raum, Ihre eigene Zeit brauchen, dass Sie Privatsphäre brauchen.

Treffen Sie klare, liebevolle und eindeutige Aussagen. Lassen Sie nicht den geringsten Zweifel daran, ein solch zerstörerisches Verhalten Ihres Partner / Ihrer Partnerin abzulehnen und setzen Sie eindeutige Grenzen für ausufernde Anklagen, wüste Beschuldigungen oder Verdächtigungen. Nur so spürt ein grundlos eifersüchtiger Partner einerseits die Beziehung zu Ihnen, und andererseits, dass der Ort, an dem es etwas zu klären gibt, er/sie selbst ist.

Krankhafte Eifersucht

Krankhafte Eifersucht gehört zur Diagnosegruppe Süchte und Abhängigkeiten und gehört in professionelle Hände. Wenn Sie selber oder Ihr Partner / Ihre Partnerin betroffen sind, nehmen Sie professionelle Hilfe in Anspruch.

Krankhafte Eifersucht: Warnsignale[4]

- Macht es Sie nervös, wenn Ihr Partner / Ihrer Partnerin alleine ausser Haus geht?
- Durchsuchen Sie Taschen, den Computer und das Handy nach Beweisen?
- Prüfen, kontrollieren und testen Sie Ihrem Partner / Ihrer Partnerin permanent?
- Sind Sie gelegentlich innerlich wütend, verletzt oder traurig, wenn Sie gemeinsam ausgehen und Ihr Partner / Ihrer Partnerin mit jemandem anderen spricht oder lacht?
- Beobachten Sie permanent mit Adleraugen Ihren Partner / Ihrer Partnerin und halten Ausschau nach Signalen für Untreue?
- Sie möchten am liebsten Ihren Partner / Ihrer Partnerin nur für sich haben und von andern isolieren?

- Machen Sie Ihrem Partner / Ihrer Partnerin oft Vorwürfe, man würde Sie betrügen oder andere attraktiver finden?

Fazit:

Eifersucht gehört in einem gewissen Grad dazu. Dieses Gefühl macht uns deutlich, dass uns etwas bzw. jemand etwas bedeutet. Beginnt die Eifersucht aber unser Denken, Wahrnehmen und Verhalten zu bestimmen, dann müssen wir das in erster Linie als ein Warnzeichen sehen. Und zwar als Warnzeichen beim Betroffenen selber hinzuschauen, was die Eifersucht eigentlich genau ausdrücken möchte. Das heisst der Eifersüchtige muss an seinem eigenen Verhalten arbeiten: Impulsive Szenen oder Vorwürfe vermeiden, dafür mehr für sich selber tun. Nicht sagen: Du hast... sondern ich brauche...

Zoff: Der Reiz am Streiten...

Kennen Sie das? Sie streiten mit Ihrem Partner/Ihrer Partnerin wegen einer Kleinigkeit. Der Streit eskaliert. Es wird immer lauter. Die Worte werden zu giftigen Pfeilen und irgendwann geht es nur noch darum, Recht zu haben. Tränen, Resignation oder gar Hass können die Folge sein. Nach dem Streit wissen Sie oft gar nicht mehr, worum es eigentlich ging. Und Sie fragen sich: Was tun wir uns da an? Was machen wir falsch? Müssen wir denn immer streiten?

Mit diesem Problem sind Sie nicht allein.
Oft kommen Paare in die Beratung mit dem Anliegen:

„Wir können nicht ohne Verletzungen streiten. Wir haben keine Streitkultur, es artet immer aus. Oft geht es unter die Gürtellinie. Bitte helfen Sie uns, besser zu kommunizieren."

Beim näheren Hinschauen stellt sich dann oft heraus, dass das Problem gar nicht in der Kommunikation liegt und die Lösung daher ganz woanders zu finden ist.

Doch zuerst muss die folgende Frage gestellt werden: War das von Anfang an so?

Wenn ja, dann kann es tatsächlich an falscher Kommunikation in der Beziehung liegen. Dann ist es die Aufgabe herauszufinden, warum das so ist. Und wie man es ändern kann. Die Gründe für Kommunikationsstörungen können unterschiedlich und sehr individuell sein. In diesem Fall kann eine professionelle Beratung helfen, den Gründen auf die Spur zu kommen und anschließend mit gezielten Interventionen im Bereich Kommunikation Abhilfe zu schaffen.

Was ist dann der Grund?

Wenn Sie sich aber nicht von Anfang so heftig gestritten haben und erst im Laufe der Zeit die Auseinandersetzungen heftiger wurden, dann liegt die Ursache nicht unbedingt nur in der Kommunikation.

Eine mögliche Ursache kann zu wenig AUFMERKSAMKEIT sein.

Wenn nach und nach die Paarzeit immer weniger wird, sinkt die gegenseitige Aufmerksamkeit. Es mag sein, dass Sie als Paar oder Eltern sehr gut funktionieren und sich sozusagen blind verstehen. Wenn aber die gegenseitige Aufmerksamkeit nur noch oberflächlich oder nur noch über die Aufgaben, die man in einer Beziehung zu erfüllen hat, stattfindet, geschieht etwas Seltsames: Das Streiten wird immer attraktiver. Die Gründe werden dann immer banaler, Hauptsache, man streitet, und die Auseinandersetzungen werden immer häufiger und heftiger. Bis das Ganze schließlich dann doch zu einer grossen Belastung wird.

Was macht das Streiten so attraktiv?

Es ist die AUFMERKSAMKEIT. Wenn Sie streiten, können Sie sich der Aufmerksamkeit und Zuwendung des Partners bzw. der Partnerin sicher sein. Im Streit sind sich die Partner zugewandt, hören einander meist gut zu, suchen den Blickkontakt und symbolisieren auch mit dem Körper Aufmerksamkeit. Je häufiger Sie wegen Kleinigkeiten streiten, umso mehr sollten Sie Ihre Paarzeit hinterfragen:

- Wie viel macht die Paarzeit in unserem Alltag aus?

- Was machen wir, wenn wir als Paar alleine sind?

- Über was reden wir? Sind es nur noch Job und Kinder?

- Wie zeigen wir uns unsere Zuwendung, Gefühle und Bedürfnisse?

Das Streiten kann also vordergründig attraktiv sein; vor allem das Versöhnen danach. Auf den zweiten Blick sind Streitereien aber oft Hilferufe, die zum Ausdruck bringen, dass die Partner einander dringend brauchen und sich mehr gegenseitige Aufmerksamkeit wünschen.

Was steckt hinter diesen Hilferufen?

Oft sind es sehr wesentliche Fragen an die Beziehung, die sich hinter dem Streit verbergen:

- Bist du für mich da?
- Kann ich mich auf dich verlassen?
- Bin ich dir noch wichtig?
- Wirst du da sein, wenn ich dich mal brauche?
- Akzeptierst du mich?

Wenn ein Partner emotional nicht erreichbar ist, führt das fast immer zu Wut, Trauer, Schmerz und vor allem Angst, die Bindung zu verlieren. Es ist das Bedürfnis nach sicherer emotionaler Zusammengehörigkeit, das sich hier meldet, wenn diese Verbundenheit in der Beziehung nicht mehr spürbar ist. Unsere Gefühle schlagen sozusagen Alarm, um auf den Missstand aufmerksam zu machen. Es ist nicht die Zahnpasta-Tube, die falsch steht, oder das falsch hingestellte Paar Schuhe, es sind unsere vernachlässigten Emotionen, die sich eine bessere Beziehung, eine tiefere Bindung zum Partner/zur Partnerin wünschen.

Was können Sie tun?

Wenn Sie merken, dass Ihre Auseinandersetzungen in die oben beschriebene Richtung gehen, tun Sie etwas dagegen. Nützliche Tipps, was Sie tun können, finden Sie in im Kapitel „Beziehungskrise: Neustart in drei Schritten".

Eine gute emotionale Bindung ist ein Kraftquelle, die Ihre Beziehung durch alle Tiefs tragen wird.

Besuchen Sie unseren Blog

www.beziehungs-abc.ch

Glückliche Beziehungen sind keine Glückssache

- In Ihrer Beziehung fehlt die Leidenschaft?
- Sie sind nur noch ein gutes Team, das den Alltag gut bewältigt?
- Sie reden nur noch über Kinder oder den Job?
- Job und Familie lässt keine Zeit mehr für Sie als Paar?
- Sie möchten definitiv etwas verändern?

Dann sind Sie hier genau richtig. Wir helfen Ihnen die Leidenschaft in der Beziehung NEU zu entdecken und die Qualitäten Ihrer Beziehungen zu vertiefen!
Fangen Sie noch heute an.

Über den Beziehungs ABC Blog

In unsere Praxis in Aarau (CH) begegnen uns täglich Familien und Paare mit ganz unterschiedlichen Anliegen. Aus vielen Anfragen von Eltern und Paaren ist die Idee entstanden einen Blog über Beziehungen zu schreiben. Auf www.beziehungs-abc.ch schreiben wir über unsere Erfahrungen aus dem Praxisalltag aber auch als Eltern und Paar. Auf diesem Blog finden Sie

Texte die Fachwissen und mit Alltagserfahrungen verbinden, und die dazu anregen sollen über sich selber und andere nachzudenken.

Sie finden Artikel zu verschiedenen Beziehungsformen (Partnerschaft, Eltern-Kind-Beziehungen usw.) und hilfreiches Material zum Lesen und Vertiefen: Fachartikel, Anleitungen zu Selbstreflexionen, Medienempfehlungen, hilfreiche Downloads u.v.m. Dazu gehört auch dieses Buch mit einer Auswahl von sechs Fragen, die Ihnen helfen können über Gefühle, Wünsche und Bedürfnisse zu reden.

Wir freuen uns über Ihre Wünsche, Ideen und Anregungen unter:
info@beziehungs-abc.ch

Autoren

lic. phil. Sara Michalik-Imfeld ist Fachpsychologin für Psychotherapie FSP spezialisiert auf Kinder, Jugendliche und Familien. Sie unterrichtet seit mehr als 10 Jahren Psychologie und Pädagogik an einem Gymnasium und unterstützt als Fachrichterin im Nebenamt ein Familiengericht.

Peter Michalik ist dipl. Familien-, Paar- und Eheberater IKP und Beziehungscoach IKP.

Sara und Peter Michalik führen eine gemeinsame Praxis für Kinder, Jugendliche, Familien und Paare in Aarau (CH). Sie teilen sich die Elternarbeit ihrer drei Kinder.

Quellenangaben

1) Ärzte Zeitung, abgefragt am: 03.01.2015, http://www.aerztezeitung.de/panorama/article/356140/flaute-bett-online-test-hilft.html

2) Ärzte Zeitung, abgefragt am: 03.01.2015, http://www.aerztezeitung.de/panorama/article/356140/flaute-bett-online-test-hilft.html

3) Merkle, Rolf (2013): Eifersucht: Die Angst vor dem Verlust des Partners überwinden. PAL Verlag.

4) Merkle, Rolf (2013): Eifersucht: Die Angst vor dem Verlust des Partners überwinden. PAL Verlag.

Beziehungskrisen richtig meistern

Gegen Krisen in der Beziehung können Sie aktiv etwas tun! Dieser Ratgeber hilft Ihnen dabei.

Weitere Informationen finden Sie unter

www.beziehungs-abc.ch/beziehungskrisen